DU PASSAGE DE LA MER ROUGE PAR LES HÉBREUX

E. LECOINTRE

Extrait des Études religieuses, historiques et littéraires

Au moment où tous les regards se portent vers l'isthme de Suez, dont le percement définitif va ouvrir une voie si importante de communication, on ne lira peut-être pas sans intérêt le Mémoire suivant. L'auteur, ancien élève de l'école polytechnique, actuellement ingénieur en chef des forges et chantiers de la Méditerranée, nous a autorisé avec la plus grande obligeance à le publier. Appelé à contribuer pour sa part à la gigantesque entreprise de M. de Lesseps, il a voulu faire servir aux intérêts de la religion sa présence en des lieux qui lui rappelaient les souvenirs du peuple juif. Déterminer d'une manière exacte l'endroit où Moïse traversa la mer Rouge, et à la place des anciens systèmes proposer le sien et l'appuyer sur des raisons puisées dans l'observation même des localités ; tel est le but de M. Lecointre, sans parler de ce mobile d'un ordre plus élevé démontrer, sur un point particulier, l'exactitude de nos Livres Saints. L'auteur a- t-il trouvé la vérité ? L'avenir peut-être le démontrera. Quoi qu'il en soit, ses recherches méritent l'attention des hommes sérieux.

(Note de la Rédaction.)

Le passage de la mer Rouge par les Hébreux est un des grands faits de l'histoire sainte. Ce miracle éclatant est à la fois l'ouverture d'une ère nouvelle pour la race de laquelle Dieu doit faire naître le Messie, et la grande marque de l'autorité de la loi mosaïque ; loi destinée à façonner un peuple indocile et à le préserver du mélange avec les autres peuples.

Comme tous les miracles, il a soulevé de nombreuses objections, et il faut avouer que l'incrédulité trouve ici beau jeu à cause de la difficulté d'accorder le texte de Moïse avec les lieux que nous connaissons. Les commentateurs qui s'y sont essayés n'ont guère réussi ; et si l'on peut croire le miracle sans examen, il devient difficile de le faire en acceptant leurs explications.

L'interprétation qui nie le miracle et attribue à une grande marée la division de la mer pour livrer passage aux Hébreux et son retour pour engloutir les Égyptiens, est en absolue contradiction avec le texte qu'elle prétend expliquer. De plus elle force de conclure qu'un phénomène naturel et régulier dans le pays était la à fois inconnu de tout le peuple hébreu, de toute l'armée de Pharaon, et connu de Moïse seul ; enfin que Moïse a joué le rôle d'un imposteur.

Les systèmes des commentateurs qui admettent un miracle peuvent se ramener à deux : ceux qui tracent un circuit dans la mer Rouge, pour revenir sur la même rive et ceux qui la traversent. Les premiers remettent les Hébreux en Égypte et ne satisfont pas aux paroles du texte : Ils traversèrent par le milieu de la mer. (*Nomb.*, XXXIII, 8.) Moïse tira Israël de la mer Rouge et le fit sortir dans le désert de Sur. (*Ex.*, XV, 22.) D'ailleurs ils ne déterminent aucun endroit précis, et, omettant toutes les difficultés topographiques, ils ne répondent qu'à celle tirée de la trop grande largeur de la mer Rouge.

Les autres systèmes qui admettent le passage à travers la mer se rapprochent de ceux de Dom Calmet ou du P. Sicard. L'itinéraire, tracé par Dom Calmet, est vague et faiblement motivé : il oblige les Hébreux à des marches de quinze à vingt lieues par jour, dans des pays déserts, montagneux, privés d'eau ; enfin la mer Rouge a six ou huit lieues à l'endroit où il fait traverser. Le P. Sicard fait de Ramessès un campement, non une ville ; il la place, contrairement aux textes

1

de la Bible, en dehors de la terre de Gessen. Son itinéraire présente en outre l'inconvénient du manque d'eau dès le départ, et la mer Rouge, à l'endroit du passage, a encore six lieues de large. Le système du P. Sicard a été conçu d'après l'inspection des lieux, et il est plus acceptable que les autres ; peut-être même serait-il le seul possible en admettant l'hypothèse implicite de tous ces auteurs, à savoir que la disposition des lieux n'a pas changé depuis Moïse. Mais si les lieux ont subi depuis lors des changements notables, les difficultés que présente ce système doivent le faire rejeter, et la question est à reprendre à nouveau.

C'est ce que je me propose de faire ici, en utilisant les connaissances acquises nouvellement par le fait du percement du canal de Suez, et dont les circonstances m'ont permis de profiter. J'ai eu l'occasion de voir plusieurs fois l'Égypte et de traverser l'isthme de Suez en différents sens ; c'est ainsi que je crois être arrivé à déterminer le point précis où les Hébreux ont passé la mer Rouge.

Moïse ne prétend nous montrer que l'action divine : il raconte pour les générations futures les grandes choses accomplies par le Seigneur en faveur de son peuple ; il laisse tout le reste dans l'ombre. La marche logique et naturelle des événements est passée sous silence : aucun détail, nulle description des lieux, à peine çà et là quelques indications ressortant accidentellement du récit. Mais leur peu d'importance aux yeux de Moïse n'ôte rien à l'exactitude de son témoignage ; et la simplicité de leur rôle doit faire repousser d'une manière absolue les interprétations compliquées, les explications détournées, etc., à l'aide desquelles on amène tant bien que mal les Hébreux harassés de fatigue et mourant de soif dans les endroits où l'on juge que le passage n'est pas absolument impossible.

La vraie solution doit évidemment être simple et facile, et l'action se jouer naturellement entre tous les jalons posés par Moïse.

La Compagnie de Suez a publié une grande et belle carte de l'isthme, dressée par M. Larousse, ingénieur-hydrographe, sous la direction de M. Voisin, directeur des travaux : j'en donne ici une réduction imparfaite et abrégée ; en l'examinant, les textes de la Bible à la main, elle sera suffisante néanmoins pour faire reconnaître la route suivie par les Hébreux. Mais la vue des lieux est bien plus saisissante, et fait ressortir du récit de Moïse des aperçus qui portent la conviction dans l'esprit.

J'ai divisé mon travail en trois parties : 1° un résumé rapide des événements d'après la Bible, envisagés au point de vue humain ; 2° énoncé des conditions que doivent remplir les endroits dont il s'agit de fixer la position ; 3° état du pays de nos jours et du temps de Moïse, situation des villes et autres points désignés dans la Bible, itinéraire des Hébreux et de l'armée égyptienne, point précis du passage.

PREMIÈRE PARTIE. — RÉSUMÉ DES FAITS.

Joseph avait établi son père et ses frères dans la terre de Gessen : après sa mort, les Hébreux, se multipliant d'une manière prodigieuse, formèrent au milieu de l'Égypte un peuple nombreux, entièrement distinct par son organisation, ses mœurs et sa religion. Les rois en prirent ombrage et commencèrent à les opprimer ; en établissant, sur eux des exacteurs et les assujettissant à de grands travaux : l'accroissement continuant toujours, ils cherchèrent à le limiter, d'abord par la ruse, puis bientôt par la violence, en faisant jeter dans le Nil les enfants mâles. Cette épouvantable infamie fut exécutée, du moins pendant quelque temps, et Moïse, fils de parents de la tribu de Lévi, exposé sur le fleuve, fut sauvé par la compassion de la fille du roi, qui l'adopta et le fit élever à la cour.

Fils adoptif de la fille de Pharaon, et par conséquent petit-fils du roi régnant, Moïse fut certainement, pendant sa jeunesse, un personnage considérable. Suivant Josèphe, il commanda des armées, et, conduisit des guerres avec succès ; toutefois l'Écriture Sainte ne nous dit rien à ce sujet, et nous apprend seulement qu'étant devenu grand, à l'âge de quarante ans suivant l'opinion commune, il quitta la cour de Pharaon pour retourner vers son peuple On peut-conjecturer que sa retraite fut causée par la mort de sa mère adoptive. Cependant, si, d'une part, son séjour à la cour avait dû le rendre suspect à ses frères durement opprimés, de l'autre, la mort de l'Égyptien par laquelle il vengea un Hébreu maltraité, l'exposa aux poursuites des oppresseurs de son peuple ; Menacé de tous côtés, dégoûté des hommes, il se réfugia chez le grand-prêtre de Madian, y trouva le repos, épousa sa fille, et, oubliant ses grandeurs, et ses agitations passées, il vécut, longtemps de la vie simple et tranquille d'un pasteur de brebis : tellement étranger aux choses de l'Égypte, qu'au bout de quarante ans ne savait pas si sa nation vivait encore et si la persécution ne l'avait pas détruite. C'est dans ces circonstances que Dieu lui apparaît, lui fait connaître que l'heure de la délivrance de son peuple est arrivée, et lui en confie la mission.

Cependant l'oppression continuait de plus en plus violente ; les Hébreux criaient vers le Seigneur ; ils se souvenaient de la prophétie d'Abraham (*Gen.*, XV, 13, 14, 16), que Joseph avait rappelée en mourant (*Gen.*, L, 23). Les quatre cents ans étaient écoulés, la quatrième génération accomplie, les idées de délivrance étaient dans l'air, on regardait du côté de la terre de Chanaan. Le peuple, rendu plus homogène encore par la persécution, nombreux, condensé dans la terre de Gessen, fortement organisé par familles et par tribus, était tout prêt pour être placé dans les mains d'un chef : les anciens le cherchaient ; Moïse par ses antécédents était désigné à leur choix : ils l'avaient connu, se souvinrent de lui, et dépêchèrent pour le sonder son frère Aaron, adroit et éloquent. Arrivé dans le pays de Madian, Aaron rencontre sur le mont Horeb Moïse et sa famille en route pour l'Égypte.

L'accord fut bientôt fait : Moïse raconta l'apparition et les paroles divines, et le cœur d'Aaron fut rempli de joie : puis la petite caravane reprit sa marche, Séphora et ses deux fils sur un âne, Moïse portant à la main la verge miraculeuse, et s'entretenant avec son frère de la grande entreprise où ils allaient s'engager.

En Égypte, du côté des Hébreux, le terrain était bien préparé. Les anciens des tribus sont assemblés : Aaron leur fait part du succès de sa mission, leur présente Moïse et expose les paroles du Seigneur ; il produit des signes devant le peuple et fait ainsi reconnaître et accepter son frère comme l'envoyé de Dieu.

Du côté des Égyptiens, la chose était moins aisée et l'entrée en matière plus difficile. Pharaon était sans doute peu accessible ; néanmoins, par ses relations d'autrefois, Moïse n'était pas sans quelque moyen de parvenir jusqu'à lui, et il dut probablement à l'ancienne amitié d'un personnage de la cour sa première entrevue avec Pharaon. Il lui fit part des ordres de Dieu, et lui exposa sa demande de laisser aller le peuple hébreu dans le désert pour offrir un sacrifice au Seigneur : naturellement elle fut fort mal accueillie et produisit l'effet auquel il devait s'attendre. Pharaon lui répondit qu'il ne connaissait ni lui ni le Seigneur, qu'il ne laisserait pas aller le peuple, et l'invita à retourner à ses propres affaires ; puis, pour couper court, il ordonna d'augmenter la tâche des Hébreux et de redoubler de sévérité à leur égard, afin de leur enlever par l'excès du travail le temps d'écouter les agitateurs, et, par la crainte, l'idée, d'ajouter foi à leur parole.

Mais la situation était trop tendue et les choses poussées à bout : les chefs des travaux le sentaient bien ; malgré les coups et les châtiments, ils n'arrivaient pas à faire remplir la tâche, et, placés entre une impossibilité absolue et les ordres formels de Pharaon, ils voyaient leur responsabilité gravement engagée. N'osant pas sans doute affronter par eux-mêmes le courroux du roi, ils permirent, et probablement facilitèrent sous main l'envoi d'une députation des contremaîtres hébreux les mieux fustigés, comme les plus intéressés dans la question et les plus propres à bien plaider leur cause. Ces pauvres gens exposèrent humblement à Pharaon l'impossibilité d'exécuter ses ordres et l'injustice de leur châtiment ; mais le roi ne voulut rien entendre, les traita de paresseux, et les congédia durement : ils sortirent désespérés, reprochant à Moïse la position terrible où leur confiance en lui les avait placés ; ils retournèrent à leurs travaux la mort dans l'âme et ne voulurent plus écouter Moïse.

Pharaon les crut soumis : néanmoins il se préoccupait de cette situation, jugeant bien qu'un état si violent ne pouvait durer longtemps. C'est sans doute la raison pour laquelle Moïse, congédié assez brusquement à sa première audience, en obtint sans peine une seconde. Son rôle de chef des Hébreux commençait à se dessiner ; on pouvait, ou le gagner ou s'assurer de lui ; tout au moins il apportait quelque lumière nouvelle : on s'empressa de l'introduire, mais les choses ne se passèrent pas comme on l'avait supposé.

L'attitude de Moïse est pleine de dignité ; il ne porte pas lui-même la parole ; c'est Aaron qui, dans un langage choisi, transmet à Pharaon les ordres que Moïse apporte de la part de Dieu : sommé de prouver sa mission par des prodiges, il ne les exécute pas lui-même, et sur un signe, Aaron jette sa verge qui se change en serpent ; puis ils se retirent sans qu'on songe à les arrêter, laissant Pharaon confondu et ses serviteurs épouvantés.

Le lendemain matin, Pharaon sortant de son palais les rencontre au bord du Nil : cette fois les ordres de Dieu sont accompagnés de menaces, dont l'effet ne se fait pas attendre Aaron tend sa verge sur le fleuve dont les eaux sont changées en sang. La plaie dure pendant sept jours, après quoi Moïse fait sortir du Nil les grenouilles qui couvrent toute l'Égypte. C'est en vain que les conseillers du roi cherchent à lui persuader que ces phénomènes sont tout à fait naturels, et d'accord avec l'état actuel de la science, le coup était porté et l'effet produit : Moïse avait grandi de cent coudées, il était posé désormais comme le chef des Hébreux et un homme avec qui il faudrait compter. La série des plaies suivantes dont il frappa l'Égypte accrut encore son influence, et il devint rapidement, comme il nous l'apprend très-grand dans toute l'Égypte, tant aux yeux des serviteurs de Pharaon qu'à ceux de tout son peuple. (*Exode*, XI, 3.)

Quant à Pharaon il redoutait sans doute Moïse ; mais parait avoir pris dès le commencement le parti de trancher d'une manière définitive cette question des Hébreux, qui préoccupait depuis longtemps les souverains de l'Égypte et devenait tous les jours plus redoutable. Il voyait se former et grandir rapidement, sous les auspices d'un homme à la puissance surnaturelle, une vaste conspiration qu'il n'était pas en mesure de maîtriser, et il résolut, avant de rien entreprendre, de rassembler à Memphis une armée formidable, sans tenir compte des plaintes de ses serviteurs ni de la désolation de l'Égypte. Sa résolution ne faiblit pas un instant quand une nouvelle plaie survenait, il priait Moïse de l'en débarrasser, mais sans jamais se soumettre, éludant sa parole sous un prétexte ou sous un autre, en réalité gagnant du temps pour concentrer ses forces. Enfin, après la neuvième plaie (celle des ténèbres), ayant son armée sous la main et se croyant maître de la situation, il change de ton avec Moïse, et le menace de mort s'il ose reparaître devant lui (*Ex.*, X, 28). On ne sait pas au juste la durée de cette négociation ; elle semble comprise entre deux et trois mois, ce qui ne parait pas trop pour réunir et mettre sur pied de guerre une armée de 250.000 hommes (Josèphe).

La question, du reste, était nettement posée : officiellement, Moïse maintenait sa demande d'aller sacrifier dans le désert, mais Pharaon ne s'y trompait pas et voyait très-bien qu'il s'agissait de délivrance (*Ex.*, X, 10) : les Hébreux, d'ailleurs, ne s'en cachaient nullement, et la Palestine était le but avoué de leur expédition ; quant au peuple égyptien, il était tellement effrayé des plaies qui l'avaient frappé, qu'il ne souhaitait rien tant que d'être débarrassé à tout jamais de ces hôtes incommodes et désirait vivement leur départ (*Ex.*, X, 7).

Ils s'y préparaient avec activité : la vue de tous ces prodiges leur avait inspiré toute confiance en Moïse, qui communiquait fréquemment (*Ex.*, XI, 2 ; XII, 3, 21) avec les anciens des tribus et leur donnait ses instructions pour l'organisation du peuple, et les préparatifs du départ.

On était au quatorzième jour du mois (*Ex.*, XII, 6, 21, 29). Déjà Moïse avait ordonné à chaque chef de famille de prendre dès le dixième jour un agneau choisi, de le garder jusqu'au soir du quatorzième, de l'égorger alors, en marquant de son sang la porte de la maison, puis de se réunir en famille, le nombre de personnes nécessaire pour le consommer en entier, et de le manger la nuit en costume de voyage, les souliers aux pieds, les reins ceints, le bâton à la main. Il avait attaché à cet ordre la sanction religieuse et institué cette fête pour la suite des générations (*Ex.*, XII) ; mais l'habileté politique de cette mesure est remarquable.

En effet, par le fait de la célébration de la Pâque, tous les Hébreux se trouvaient, dans la nuit du 14, organisés en petits groupes dont tous les membres se connaissaient entre eux et acceptaient volontiers l'autorité du chef de famille, préparés pour la marche, réconfortés par un bon repas, tenus dispos et bien éveillés, par la joie du festin.

Soudain, au milieu de la nuit, passe l'ange da Seigneur, frappant les maisons des Égyptiens d'une plaie plus terrible que les précédentes : les premiers nés, l'orgueil et la joie des succombent sous les coups d'un mal subit er inexplicable : tous sont atteints, depuis le fils du roi, jusqu'à celui de l'esclave misérable qui tourne la meule. Aussitôt, dit Moïse, un grand cri s'élève par toute l'Égypte : Pharaon, frappé dans son fils, sent son orgueil fléchir ; craignant de voir périr lui-même et toute l'Égypte, il cède enfin, fait venir Moïse et Aaron, leur accorde leur demande et les presse de partir.

Ses serviteurs, non moins épouvantés, s'empressent de transmettre aux gouverneurs des villes sur la route du désert les ordres de Pharaon, tandis que Moïse et Aaron, après avoir donné aux Hébreux le signal du départ pour la terre promise, vraisemblablement par des feux convenus, se hâtent d'aller les rejoindre. Les mesures avaient été si bien prises et les dispositions si bien combinées, que la rapidité d'exécution dépassa les prévisions de Moïse : les Hébreux furent tellement pressés par les Égyptiens désireux de se débarrasser d'eux, qu'ils ne prirent pas le temps de faire cuire leur pain, et partirent emportant dans des linges la pâte qu'ils avaient pétrie (*Ex.*, XII, 34). C'était dans la nuit du 14 au 15 du mois, à la petite pointe du jour : ils étaient au nombre 600.000 hommes en état de porter les armes, plus les femmes et les enfants : une grande quantité de petit peuple s'était jointe à eux, de sorte qu'il n'est guère possible d'évaluer cette multitude à moins de trois millions d'âmes.

L'expédition se présentait sous l'aspect le plus favorable : ils étaient tous joyeux et bien portants (*Ps.*, 113), pleins de confiance en la main puissante qui les tirait de l'esclavage. Ce voyage en Palestine était d'ailleurs facile ; il s'agissait d'une marche de peu de durée, 20 à 25 jours au plus, par une route connue et pourvue d'eau : ils emmenaient avec eux leurs troupeaux, des vivres en abondance et plus de richesses qu'ils n'en avaient jamais possédé. Tels devaient être les sentiments qui animaient les Hébreux à leur départ de Ramessès, à leur premier campement de Socoth où ils attendirent les retardataires, complétèrent leurs préparatifs et firent cuire leur pain, et enfin à Etham, sur la limite du désert qui sépare l'Égypte du pays des Philistins, et où ils comptaient s'engager le lendemain.

Mais il n'en arriva pas ainsi : au départ d'Etham, Moïse changea la route, et, au lieu d'entrer dans le désert des Philistins, il revint sur ses pas, s'engagea dans la plaine de Phihahiroth, qui est située entre Magdal et la mer, et, arrivé le soir au pied de Beelsephon, il y fit dresser les tentes.

C'est là que les Hébreux furent surpris, quelques jours après par l'armée de Pharaon ; ils ne pouvaient fuir d'aucun côté et se croyaient perdus, lorsque Moïse, étendant la main sur les eaux, les divisa, et ils passèrent à pied sec à travers la mer Rouge, qui engloutit les Égyptiens lancés à leur poursuite.

Aucun vestige n'est resté de ce grand événement ; les noms des lieux ont changé, et les essais tentés pour nous en restituer le théâtre, comme il est dit plus haut, ne nous paraissent pas satisfaisants.

DEUXIÈME PARTIE. — EXAMEN DES CONDITIONS À REMPLIR.

Nous allons examiner maintenant, quelles sont les conditions qui ressortent logiquement du récit de Moïse et des autres textes de la Bible, pour les lieux qui y sont mentionnés. Il est bien entendu que, dans cette recherche, il faudra s'abstenir de forcer le sens des textes ; ainsi, lorsque David parle de la plaine de Tanis, il ne faudra pas vouloir montrer qu'il s'agit de celle de Memphis, de même qu'il ne faudra pas faire faire à une multitude de trois millions d'hommes des marches de 15 à 16 lieues par jour. Ceci posé, entrons en matière, et sans nous arrêter aux points non contestés et sur lesquels tout le monde est d'accord, tels que la position de Memphis et de la terre de Gessen, occupons-nous seulement de ceux qui ne sont pas fixés.

Les Hébreux étaient concentrés principalement dans la terre de Gessen, où ils habitaient conjointement avec les Égyptiens : mais il y en avait un certain nombre dispersé par toute l'Égypte. Ramessès, lieu choisi comme le centre de l'expédition, était une ville, ainsi qu'il résulte premièrement du verset 11, chap. I de l'Exode : *Ædificaveruntque urbes tabernaculorum Pharaoni, Phithom et Ramessès.* Ils édifièrent Phithom et Ramessès, villes de magasins pour Pharaon. (Cf. Cornelius a Lapide.) On édifie des maisons, mais on tend ou l'on dresse des tentes. Secondement, les montants et la traverse, marqués du sang de l'agneau dans la nuit de la Pâque, ne peuvent appartenir qu'à la porte d'une maison et non à l'entrée d'une tente. Troisièmement, c'est seulement pendant cette même nuit, et tandis que les Égyptiens les pressent de partir, que les Hébreux, selon que Moïse l'avait ordonné d'avance, leur demandent des vases précieux et des vêtements. Chacun se hâte de les satisfaire, trop heureux d'acheter leur départ à ce prix. Les Hébreux étaient donc encore au milieu du peuple égyptien ; celui-ci assurément, n'avait pas quitté les villes pour aller camper auprès d'eux, et nouer des relations d'amitié et de voisinage.

Cette ville de Ramessès était située dans la terre de Gessen, comme nous le concluons de la Genèse (XLVII, 5, 6, 11, 27). Elle était la résidence naturelle des elles des tribus qui dirigeaient le mouvement et avec lesquels Moïse communiquait fréquemment, soit par des messages, soit par des visites personnelles. Il convient donc de la placer dans une position à peu près centrale pour la terre de Gessen dont elle était comme la capitale pour les hébreux, cependant en la rapprochant de Memphis auprès de laquelle se trouvait Moïse pendant tous ces débats. D'où il résulte qu'elle devait être vers le milieu de la frontière de Gessen qui regarde Memphis. Comme lieu de ralliement avant le départ pour les Hébreux dispersés par toute l'Égypte, cette position se trouve encore indiquée.

Pharaon habitait Memphis : Bible ne le dit pas, mais tout le monde en convient ; Memphis était située près des pyramides de Gizeh, aux environs du Caire, où l'on en voit encore les ruines. Naturellement Moïse ne demeurait pas à Memphis (*Ex.*, IX, 29), où il se serait trouvé trop dans les mains du roi, mais il devait occuper dans les environs une résidence d'où il lui fut facile de communiquer soit avec la cour, soit avec les Hébreux. L'Écriture n'indique pas le lieu de sa demeure, mais la tradition en est restée.

Dans son système, le père Sicard fait partir les Hébreux d'un point où est situé aujourd'hui le village de Bessatim ou Baccatim : d'après lui, cet endroit est révéré des juifs du Caire, qui, de temps immémorial, y choisissent leur sépulture

; je repousse complètement Bessatim pour point de départ, mais je retiens les étymologies données par le père Sicard, du nom de quelques lieux voisins. Le rocher qui est sur le mont Diouchi, en face de Bessatim et en vue de Gizeh, se nomme, en arabe, *Mejanat-Moussa*, c'est-à-dire lieu où Moïse communiquait avec Dieu : les ruines du monastère de Saint-Arsène sur le mont Tora, voisin de Bessatim, sont nommées par les Arabes *Merabad-Moussa*, c'est-à-dire, habitation de Moïse. C'est peut-être sur ce mont Tora que se faisaient les signaux par le moyen desquels Moïse communiquait avec son peuple. Ces traditions me semblent une partie intéressante du système du père Sicard.

Le noyau de l'armée partit bien de Ramessès, c'est-à-dire les chefs du mouvement et le rassemblement des hébreux dispersés en Égypte, mais ceux de la terre de Gessen partirent de chez eux, se dirigeant vers Socoth. En effet, la Pâque fut mangée, non sous des tentes, mais dans les maisons, comme nous l'avons déjà dit, et il semble difficile que cela fût possible dans la seule ville de Ramessès pour trois millions de personnes ; et encore tous ces émigrants n'avaient ni amis, ni voisins, à qui emprunter les dépouilles de l'Égypte.

Si l'on réfléchit à la difficulté d'organiser un convoi de trois millions d'hommes, aux embarras du premier jour ; et à ce, qui se passe de notre temps dans des cas analogues, on pensera sans doute que le campement de Socoth a surtout eu pour but de commencer le mouvement et la mise en marche. D'où il résulte que Socoth n'est pas éloigné de Ramessès ; ce doit être une vaste plaine, bien pourvue d'eau, et d'un accès facile pour recevoir et ordonner les nombreux contingents des Hébreux qui arrivaient de tous les points de la terre de Gessen.

Une fois tout le monde arrivé, les postes réglés, le pain cuit et les derniers préparatifs terminés, on se mit en route sous les ordres de Moïse et d'Aaron, arrivés eux aussi de Memphis, après leur dernière entrevue avec Pharaon.

Les Hébreux, partis de Ramessès pendant la nuit, durent arriver à Socoth de grand matin : le séjour en cet endroit fut donc de vingt-quatre heures environ, ce qui n'est pas trop pour régler le service et l'ordre de marche d'une telle multitude.

Partis de Socoth, les Hébreux vinrent camper à Etham. C'était sans doute une ville ou un village, et Moïse l'indique comme situé à la limite du désert. Il faut observer qu'en Égypte, où il ne pleut presque jamais, il n'y a pas d'autre eau que celle du Nil ; c'est elle qui féconde la terre partout où on la conduit par des canaux, la terre est fertile ; quand elle manque, la fertilité cesse, c'est le désert.

Etham étant la limite des terres fertiles, sur la frontière du désert, les Hébreux ont marché jusqu'ici dans un pays habité : ils s'arrêtent à Etham et y campent ; ils durent s'y préparer à passer le désert et faire leur provision d'eau, car les puits sont éloignés et suffiront à peine à tant de monde.

La distance de Socoth à Etham peut donc être d'une bonne étape, car personne n'était fatigué.

Les Hébreux, partis d'Etham et revenant en arrière, se trouvèrent au bout d'une journée de marche campés en pleine côte, sur la rive occidentale de la mer Rouge ; d'un autre côté, le désert de Sur ou de Syrie, qui se trouve sur la rive orientale, se nomme aussi désert d'Etham. Ces circonstances fixent très-nettement la position d'Etham, à l'extrémité nord de la mer Rouge, et formant pointe avancée dans le désert de Sur. C'était par suite un lieu de passage pour les caravanes du pays des Philistins, de Syrie et d'Arabie, et ce mouvement d'affaires avait dû y créer un centre de population.

Observons que le passage par Etham était obligatoire pour Moïse, car officiellement, aux yeux de Pharaon, il allait dans le désert et les ordres avaient dû être donnés en conséquence, et d'un autre côté il était difficile d'engager les Hébreux sur un autre chemin que la route directe de la Palestine. Si un changement d'itinéraire devenait nécessaire, il était plus facile de l'exécuter une fois l'armée réunie et en marche, car du côté des Hébreux ils étaient trop engagés pour reculer, et du côté des Égyptiens les autorités locales se trouvaient alors trop faibles pour rien empêcher. — Tels sont sans doute les motifs du passage par Etham.

Au delà d'Etham, en effet, on ne devait plus suivre le chemin de la Palestine, Dieu l'avait ainsi ordonné et il avait fait connaître le motif de ce changement de route ; il ne voulait pas engager son peuple au sortir de l'esclavage dans des guerres difficiles avec les Philistins, il fallait auparavant le préparer à la lutte et l'aguerrir. C'est pourquoi, au lieu de le conduire vers la Palestine, qui est voisine, par la route directe, Moïse lui fit faire un long détour par la voie du désert qui est auprès de la mer Rouge.

Cependant, au sortir d'Etham, Dieu dicte l'itinéraire ; au lieu de lancer sur le champ les Hébreux dans le désert d'Edam, il commande qu'on revienne sur ses pas et qu'on aille camper dans la plaine de Phihahiroth. On s'engage résolument le long du bord occidental de la mer Rouge ; il était arrosé par des canaux ; car de nos jours on en voit encore des vestiges. On évitait ainsi deux ou trois jours de voyage au travers du désert ; c'était donc un chemin excellent ; il n'y eut pas de murmures. D'ailleurs personne alors, ni le peuple, ni Moïse lui-même ne comptaient sur un miracle ; il devait donc y avoir un moyen naturel de passer la mer, pour atteindre la route qu'ils avaient en vue c'était sans doute un gué, praticable à l'époque des grandes marées où l'on se trouvait alors, et qui, une fois franchi, les mettait à l'abri de toute attaque ultérieure des Égyptiens. Voici la description que la Bible nous donne de Phihahiroth : *Reversi castrametentur e regione Phihahiroth, quæ est inter Magdalum et mare contra Beelsephon : in conspectu ejus castra ponetis super mare.* (*Ex.*, XIV, 2.) Revenus sur leurs pas, qu'ils campent dans le Pays de Phihahiroth, qui est entre Magdal et la mer : ils placeront leur camp vis-à-vis de Beelsephon sur le bord de la mer.

Nous savons d'ailleurs, par le verset suivant, que les Hébreux s'engageaient entre la mer et des montagnes formant une sorte de défilé, car, à la première nouvelle de leur fuite, Pharaon s'écrie : *Coarctati sunt, in terra, conclusit eos desertum.* Ils sont resserrés par la terre et enfermés par le désert. Pharaon savait donc trouver les Hébreux engagés dans des lieux non déserts, ayant d'un côté la mer Rouge, de l'autre des montagnes, tout autour le désert.

Cette plaine non déserte, pourvue d'eau (car ils n'en manquèrent qu'après le passage de la mer Rouge), et en un point de laquelle ils établirent leur camp, était donc Phihahiroth, et la chaîne de montagnes, Magdal. Quant à Beelsephon, c'est un point remarquable, un repère donné afin de marquer en quel point de la plaine de Phihahiroth asseoir le camp ; ce ne peut être une ville, puisqu'il s'agit de désert et de montagnes ; c'est sans doute un pic, d'un aspect facile à reconnaître.

Le commandant d'Etham, de son côté, s'empressa d'envoyer une estafette à Pharaon, afin de l'informer que les Hébreux, au lieu de s'avancer dans le désert,

9

comme il était convenu, s'échappaient le long de la mer Rouge. Cette nouvelle éveille dans l'esprit du roi le désir de la vengeance ; il espère que cette infraction au pacte conclu avec lui enlèvera aux Hébreux la protection du Dieu qui l'a châtié, et il saisit avec empressement l'occasion qui s'offre à lui de les exterminer. Il a sous la main, à Memphis, une armée de 250.000 hommes toute prête à marcher, son parti est pris et son plan arrêté à l'instant d'après ses renseignements, il sait qu'il rencontrera les Hébreux dans des défilés où ils ne pourront lui échapper, et il part en avant avec ses chars et sa cavalerie pour leur barrer le chemin, pendant que l'infanterie suivra à marches forcées.

Il est bien évident qu'il ne s'amusa pas à passer par Ramessès, Socoth et Etham, mais il piqua droit sur Phihahiroth, où il savait trouver les Hébreux, et au moment où ils s'y attendaient le moins (le vingtième jour du mois), ceux-ci, en levant les yeux, *levantes oculos* (Ex., XIV, 10), aperçurent la cavalerie égyptienne débouchant sur leurs derrières des hauteurs de Magdal, et manœuvrant pour les envelopper. Ils se virent tout d'un coup acculés à la mer, et comprenant qu'ils étaient perdus sans ressource, ils regrettèrent leur esclavage. Cependant un épais brouillard, causé par la colonne de nuée, qui s'interpose entre les deux armées, leur donne quelques heures de répit.

Moïse en profite pour leur parler, remonter les courages, et, étendant la main sur la mer, il en divise les eaux pour leur livrer passage ils s'y engagent et la traversent pendant la nuit, et, au matin du vingt et unième jour, ils se trouvent en sûreté dans le désert de Syrie (de Sur ou d'Etham), sur la rive orientale. A la pointe du jour, les Égyptiens ont connaissance de la fuite des Hébreux, et cette vaillante cavalerie, l'élite de l'armée, dont on ne peut qu'admirer l'intrépidité, n'hésite pas à s'engager à leur poursuite, entre les eaux suspendues comme un mur à droite et à gauche (*Ex.*, XIV, 3). Cependant au milieu de la mer, les roues se renversent, les chars s'enfoncent dans la vase et disparaissent : impossible d'aller plus loin ; l'honneur militaire est satisfait, ils se décident à retourner en arrière, en reconnaissant la puissance du Dieu qui protège les Hébreux et combat pour eux (*Ex.*, XIV, 25). Mais Moïse, en ce moment, étend la main sur la mer : elle retourne dans son lit, les engloutissant aux yeux du reste de l'armée égyptienne qui arrivait alors, et put ainsi être témoin de la puissance du Seigneur. (*Ex.*, XIV, 17.)

Il résulte de tout ceci, sur la topographie du pays, une série de renseignements que nous pouvons résumer comme suit :

Etham était une ville située à l'extrémité nord de la mer Rouge, dans une plaine fertile formant, pointe avancée dans le désert de Syrie, qui dans les environs de la ville en avait pris le nom. En partant d'Etham et suivant la rive occidentale de la mer, on entrait dans une plaine arrosée, nommée Phihahiroth, d'une assez grande largeur, et limitée de l'autre côté par la chaine des montagnes de Magdal, dont un pic remarquable, portant le nom de Beelsephon, était distant d'Etham d'une journée de marche.

Du côté de Phihahiroth, les montagnes de Magdal étaient généralement abruptes ; cependant il existait au moins un large passage qui permettait de les traverser, et de gagner la plaine déserte qui s'étendait vers Memphis.

Par le travers de Beelsephon, la largeur de la mer devait être telle qu'une multitude considérable pût la traverser en moins d'une nuit, c'est-à-dire environ trois lieues : la profondeur de l'eau était grande en cet endroit, mais plus loin, vers le sud, le fond allait en se relevant, de sorte qu'à la distance d'une ou deux journées, il existait un bas fond, guéable probablement à l'époque des basses eaux.

A Beelsephon, le fond de la mer était solide sur les bords, mais au milieu il était de vase molle, sans consistance, recouverte d'une couche durcie ou croissaient des algues et des goémons (*Sap.*, XIX, 7).

TROISIÈME PARTIE. — ÉTAT DES LIEUX DE NOS JOURS ET DU TEMPS DE MOÏSE.

La carte ci-jointe est dressée d'après la grande carte de M. Larousse, qui indique avec beaucoup d'exactitude l'état actuel de l'isthme de Suez ; le canal maritime y occupe naturellement la première place, il forme d'ailleurs un repère commode dont nous nous servirons dans cette courte description :

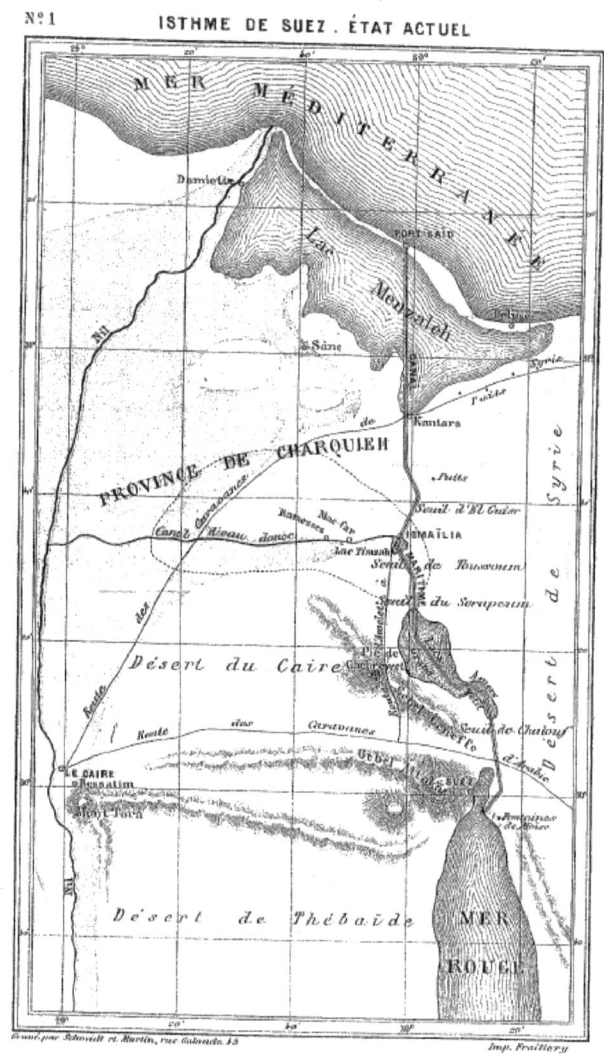

Le canal court du nord au sud, coupant l'isthme dans sa partie la plus étroite en partant de Port-Saïd, il traverse sur une longueur d'environ 90 kilomètres les lacs Menzaleh, vaste superficie d'eau et de marais, qui s'étend de Damiette aux environs de Péluse, parallèlement au rivage de la mer, dont elle n'est séparée que par une étroite langue de terre. L'eau de ces lacs est un mélange d'eau salée et d'eau douce ; car c'est là que viennent se perdre les eaux des branches Mendésienne, Tanitique et Pélusiaque, dont les embouchures sont envasées depuis longtemps. Mais dans l'antiquité il n'en était pas ainsi ; et, soit que le rivage fût endigué, ou le sol plus élevé, cette vaste plaine, bien arrosée, était fertile et nourrissait de nombreux habitants. De tout côté on trouve des ruines : celles de Tanis, capitale de l'Égypte du temps de Joseph, s'y voient encore aujourd'hui ; ce sont les guerres et les bouleversements de l'Égypte qui ont amené l'état actuel.

Le canal passe à Kantara sur la route de Syrie, traverse les dernières lagunes du lac, et arrive à El-Ferdane, où le terrain commence à s'élever jusqu'à El-Guisr, point culminant de l'isthme. Plus loin on rencontre deux nouveaux plis de terrain ou seuils, Toussoum et le Sérapéum.

Entre El-Guisr et Toussoum, se trouve le bassin du lac Timsall dont la destinée est, assez singulière dans l'antiquité, il était alimenté par l'eau du Nil au moyen de canaux qui, s'étant envasés, l'ont laissé à sec jusque vers la fin de 1866 ; à cette époque on y introduisit l'eau de la Méditerranée, qui depuis le mois de mai 1867 le remplit entièrement.

Au delà du Sérapéum, le canal traverse une grande dépression de terrain, formant les bassins de deux lacs inégaux qu'on nomme les lacs Amers. La longueur des deux lacs est d'environ 36 à 40 kilomètres, la plus grande largeur de 10 à 12 : le grand est beaucoup plus profond que le petit, dont le fond se trouve cependant à plusieurs mètres en contrebas du niveau des deux mers. Les lacs Amers sont limités du côté du sud par le seuil de Chalouf, qui les sépare de la plaine de Suez, vaste étendue de terrain plat qui aboutit à la mer Rouge, dont les eaux la recouvrent presque entièrement à l'époque des grandes marées.

Aujourd'hui la mer Rouge se termine à la ville de Suez, bâtie sur une lagune qui assèche presque à chaque marée, et ne laisse qu'un chenal étroit permettant aux embarcations de communiquer, avec la rade située à une lieue de la ville, au pied des montagnes de l'Attaka. La ville tend à se déplacer et à se rebâtir au bord de la rade, sur le remblai d'un banc de sable, où le vice-roi a créé un arsenal, et la Compagnie de Suez des établissements importants.

Le terrain de l'isthme, sur le parcours du canal, est presque entièrement plat, car les seuils dont nous avons parlé sont de simples plis de terrain de quelques mètres de hauteur le plus élevé, celui d'El-Guisr, n'est que de 20 mètres au-dessus du niveau de la mer. Mais, sur la rive occidentale, les lacs Amers sont bordés d'un chaînon de montagnes ou hautes collines, nommé Gebel-Geneffe, dont, le pic de Chebrewet est le point le plus élevé et le seul remarquable ; ce chaînon commence par le travers du Sérapéum et se termine avant Suez, où il se relève par la grande chaîne des montagnes de l'Attaka, dont il n'est que le dernier rameau.

Le bassin des lacs Amers faisait autrefois partie de la mer Rouge, dont il a été séparé par l'exhaussement du seuil de Chalouf et de la plaine de Suez : ce fait est attesté par des preuves irrécusables. En effet, sur le bord de la mer, à Suez, le sol est formé, en certains endroits d'un amas de coquillages agglutinés de manière à former une roche grossière, et en si bon état de conservation, qu'il est hors de doute qu'à une époque récente ils formaient un banc au fond de la mer : or il a fallu, pour les mettre à sec, que le terrain se soit exhaussé de plusieurs mètres.

Mais la preuve la plus saisissante, c'est l'existence, au milieu des lacs Amers, d'un immense gâteau de sel, résidu de l'évaporation de toute la masse liquide qui y était contenue, et qui, n'étant renouvelée par aucun courant d'eau, s'est évaporée en entier. J'emprunte à une brochure de M. Cadiat, ingénieur de la Compagnie de Suez, quelques mots relatifs à ce banc de sel, et à la nature des terrains du fond du lac.

Les bords sont composés de sable dur, plus ou moins mélangé de cailloux, gypse, argile, etc.

Quand on descend (des bords vers le milieu) dans le bassin de ces lacs et qu'on arrive au fond, on traverse d'abord une zone de gypse et d'autres sels, de chaux, premiers sédiments des matières les moins solubles, laissés par l'eau de mer remplissant autrefois ces bassins, lorsque leur communication avec la mer Rouge s'est trouvée interrompue, et qu'elle a commencé à se concentrer sous l'effet de l'évaporation. On passe ensuite sur une zone de terrain noirâtre, humide, très-mou, qui doit cet état à des infiltrations souterraines, et aussi sans doute à la déliquescence des chlorures déposés par l'eau de mer, qui n'arrivent jamais à se dessécher complètement. Enfin au centre, et reposant sur ces terrains, on trouve le banc de sel déposé pendant la dernière période de concentration de l'eau des bassins. Ses dimensions sont considérables : son épaisseur, qui atteint quelquefois jusqu'à 7 et 8 mètres, est en moyenne de 3 mètres ; il a 13 kilomètres de long ; sa plus grande largeur est de 6 kilomètres.

Qu'on imagine un immense gâteau de sel, épais de 2 à 3 mètres, couvrant une superficie plus grande que celle de Paris, et l'on aura une idée du cube colossal de sel qui se trouve là.

J'ajouterai que rien n'est plus grandiose que le spectacle que présente, de dessus le banc de sel, l'aspect du vaste bassin de cette mer desséchée, qui s'étend à perte de vue de tout côté.

Le banc de sel repose, non pas sur les terrains mous, comme on le croyait à l'époque où écrivait Cadiat (février 1868), mais bien sur la couche inférieure formée de sable solide et d'argile : il a aussi une épaisseur beaucoup plus grande, qui atteint 10 à 12 mètres. Les terrains mous se sont échappés sous l'énorme pression du banc, qui est venu ainsi poser sur le terrain solide, en refoulant la vase de tout côté : c'est cette vase qui forme autour du banc une zone ou ceinture de terrains mous et humides, qu'on ne peut traverser qu'en certains endroits un peu solidifiés : on sent néanmoins le terrain trembler sous ses pas, et l'on y enfonce, sans difficulté aucune, de longues baguettes flexibles.

Dès que l'eau sera introduite dans le bassin, ajoute Cadiat, ce banc de sel commencera à se dissoudre : on peut conclure d'expériences que l'on exécute en ce moment, que cette dissolution se fera rapidement, et que tout le banc de sel sera fondu quand le bassin sera rempli.

Le remplissage a commencé en avril 1869 par l'eau de la Méditerranée : en ce moment (août 1869) on y fait arriver celle de la mer Rouge, et au mois d'octobre les eaux seront arrivées à leur niveau. Quant au banc de sel, il est recouvert depuis deux ou trois mois, et il ne sera sans doute plus donné à personne de contempler l'imposant spectacle qu'il présentait.

Dans tout l'isthme, de la Méditerranée à Suez, on rencontre des ruines de villes, des restes de canaux de routes, de tombeaux, etc., qui montrent que ce pays, aujourd'hui transformé en un désert aride, était autrefois fertile et arrosé par les eaux du Nil.

Du côté de la Méditerranée, le terrain parait s'être abaissé ; il s'est relevé au contraire du côté de la mer Rouge, qui autrefois, au lieu de s'arrêter à Suez, s'étendait, jusqu'au Sérapéum. Comme il arrive d'ordinaire dans ces sortes de golfes qui sont le dernier aboutissement d'une mer dans l'intérieur des terres, la profondeur de l'eau y était très-variable : elle pouvait être d'une vingtaine de mètres dans le bassin du grand lac, dix à douze dans le petit, deux ou trois dans la plaine de Suez, tandis qu'a Chalouf il y avait un bas-fond, guéable probablement à certaines époques de l'année.

C'est cet état de choses que représente la carte n° 2 : incontestablement tel a été l'état du pays à une époque donnée de l'histoire : mais une circonstance mentionnée dans la Bible rend bien probable qu'il en était ainsi du temps de Moïse. En effet, lors de la huitième plaie, les sauterelles furent précipitées par un coup de vent d'ouest (*Ex.*, X, 19) dans la mer Rouge, ce qui se conçoit très-bien si elle couvrait les lacs Amers, mais serait moins facile à comprendre si elle s'arrêtait à Suez. Et de plus la parfaite conservation des coquilles qui tapissent presque entièrement le fond du petit lac et forment des bancs considérables en plusieurs endroits du grand, fixe pour l'époque du dessèchement une date relativement récente.

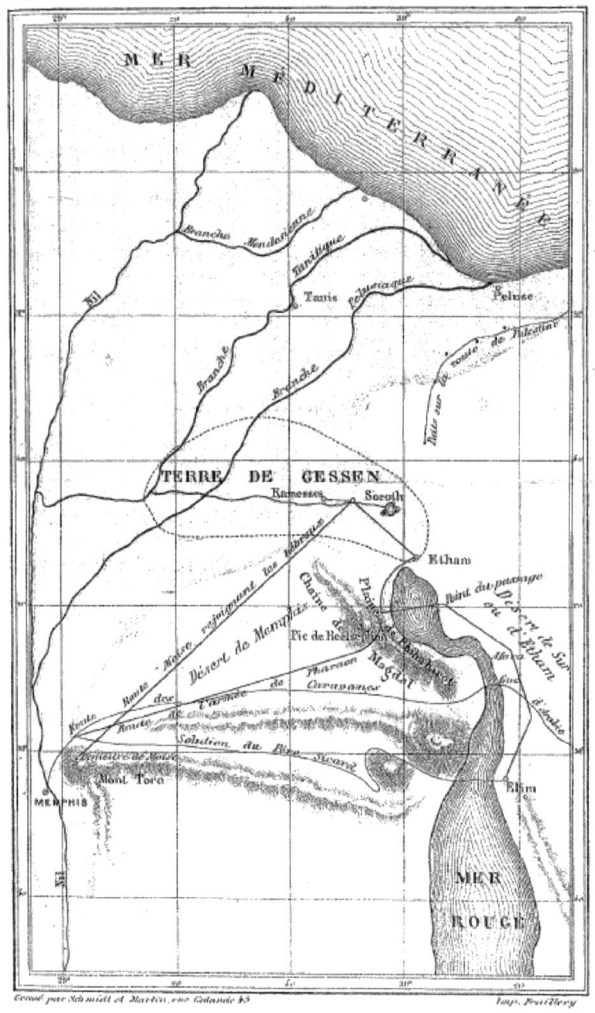

Il nous reste maintenant à marquer sur cette carte les points mentionnés dans la Bible, et à indiquer le développement et la marche de l'action au point de vue du temps et des distances.

Point de difficultés pour la position de Tanis, Memphis, la terre de Gessen : Tanis est sur la branche Tanitique, près de la Méditerranée ; Memphis est situé non loin du Caire actuel, et l'on voit ses ruines à peu de distance des pyramides de Gizeh ; j'indique aussi Bessatim ou Baccatim, résidence de Moïse. La terre de Gessen est au sud de la province de Charquieh, dont elle occupait une partie, et

16

s'étendait jusqu'au désert, c'est-à-dire jusqu'au plateau situé entre le Caire et Suez, et qui, à cause de son élévation, n'a jamais pu être arrosé par les eaux du Nil ; jusqu'ici tout le monde est d'accord. Mais l'incertitude est complète pour ce qui regarde le géographie spéciale de l'Exode, c'est-à-dire Ramessès, Etham, Phihahiroth, etc.

La position de Ramessès a été fixée avec une grande probabilité par M. de Lesseps : au point indiqué sur la carte, se trouvent les ruines d'une ville où il a retrouvé une statue de Ramsès II en granit rose de Syène ; il pense que cette ville est Ramessès de la Bible, et je suis du même avis, car elle remplit toutes les conditions indiquées plus haut : elle est située vers le milieu de la lisière sud de la terre de Gessen, également à portée des Hébreux qui l'habitaient et de Moïse qui résidait près de Memphis.

M. de Lesseps place ensuite Socoth au point nommé Macfar : Socoth veut dire en hébreu ville des tentes ; Macfar aurait en arabe la même signification, et la raison étymologique est ici fort acceptable, car Macfar remplit les conditions nécessaires : c'est une plaine traversée par un canal et située à 5 kilomètres de Ramessès.

Toutes ces indications sont consignées dans la vue de l'isthme à vol d'oiseau que M. de Lesseps a publiée en 1860, et jusque-là je partage complètement son opinion ; mais je m'en sépare pour le reste de l'itinéraire qu'il indique, afin d'arriver à faire passer les Hébreux, par une forte marée, sur la plage nord de la mer Rouge, prolongée jusqu'au Sérapéum.

Voici la position que j'assigne aux lieux mentionnés dans la Bible.

Je place Etham au Sérapéum, à l'extrémité nord de la mer Rouge ; c'est le dernier point vers l'est, où l'on rencontre des ruines et des vestiges de canaux ; plus loin c'est le désert de Syrie, dont le niveau s'élève de manière à ne pouvoir y conduire les eaux ; Etham est donc bien *in extremis finibus solitudinis*. (Ex., XIII, 20.)

Dès lors, les montagnes de Magdal qui formaient des lieux étroits entre la mer Rouge et le désert, *coarctati sunt in terra, conclusit eos desertum*, ne sont autre chose que Gebel-Geneffe ; Beelsephon est Chebrewet, seul pic remarquable ; Phihahiroth est la plaine située entre ces montagnes et la mer, et le lieu du campement des Hébreux est la partie de cette plaine situé au pied de Chebrewet : *reversi castrametentur e regione Phihahiroth quæ est inter Magdalum et mare contra Beelsephon : in conspectu ejus castra ponetis super mare.*

Le gué par lequel les Hébreux croyaient évidemment passer (puisque, en partant d'Etham, ni eux ni Moïse ne comptaient sur un miracle), c'est Chalouf : ils ne purent l'atteindre, parce que Pharaon, débouchant des hauteurs de Chebrewet, *levantes oculos*, leur coupa le chemin des deux côtés en les acculant à la mer. La largeur de la plaine, qui est d'environ 4 à 5 kilomètres, a précisément les dimensions qui conviennent pour le campement d'une multitude de trois millions d'hommes, et la manœuvre de l'armée égyptienne dont nous allons actuellement montrer l'itinéraire.

La route indiquée sur la carte de Larousse comme allant de la station d'Awebet à Ismaïlia, n'implique pas un chemin tracé et construit comme ceux que nous avons en France : il est bien entendu que le terrain est là dans son état naturel ; seulement sa disposition est telle qu'on peut y passer facilement ; elle est praticable pour des chevaux et des chars solides, tels que devaient être des chars de guerre, et que sont de nos jours les voitures d'artillerie. C'est par là que la cavalerie de Pharaon, arrivant en droite ligne à Beelsephon par le désert de Memphis, franchit les montagnes de Magdal et vint surprendre les Hébreux.

Ces derniers traversent à pied sec pendant la nuit la mer qu'ils ont devant eux : sur les bords le fond est solide, mais au milieu ils rencontrent de la vase, dont la surface durcie et recouverte de ces végétations sous-marinés qui croissent toujours sur les vases, est praticable pour des hommes de pied. Mais lorsque les Égyptiens arrivent à leur tour, soit que la surface durcie, fatiguée déjà par le passage des Hébreux, cède sous la pression des roues des chars, soit qu'un nouveau miracle intervienne, les roues sont renversées et les chars s'enfoncent dans la vase molle, *et subvertit rotas curruum, ferebanturque in profundum* (*Ex.*, XIV, 25). *Abyssi operuerunt eos, descenderunt in profundum quasi lapis.* (*Ex.*, XV, 5.*)* C'est là l'explication de ces images et du mot *profundum* ; elle est saisissante, et il semble qu'il ne peut y en avoir une autre.

La profondeur de l'eau et la largeur de la mer conviennent également : cette dernière est d'environ 10 à 12 kilomètres ; la profondeur est facile à évaluer, car le dessus du banc de sel est précisément à 8 mètres en contrebas du niveau de la mer ; en comptant 2 ou 3 mètres pour le soulèvement du terrain, 4 ou 5 mètres de vase molle, 8 à 10 mètres d'épaisseur du banc de sel, nous arriverons à 15 ou 16 mètres, ce qui s'accorde bien avec les murailles d'eau dont parle la Bible. *Erat enim afflua, quasi murus a dextra eorum et læva et aquæ eis erant quasi pro muro, a dextris et sinistris.*

Après avoir passé la mer et assisté au terrible spectacle de la destruction de Pharaon, les Hébreux marchent trois jours dans le désert de Sur : ils n'y trouvent point d'eau, et viennent camper à Mara, où ils rencontrent des eaux saumâtres, que Moïse rend potables en y mettant tremper certains arbustes. M. de Lesseps nous apprend que ce procédé est encore en usage chez les Arabes Bédouins qui parcourent ces contrées. Moïse avait pu en être instruit en Arabie lorsqu'il menait paître les troupeaux de Jéthro ; et en effet ces paroles : Il cria vers le Seigneur qui lui fit voir un certain bois et lorsqu'il l'eut mis dans les eaux elles devinrent douces (*Ex.*, XV, 25) ; ces paroles, dis-je, semblent plutôt faire consister le miracle dans l'indication du bois que dans sa propriété. Ils arrivent ensuite à un endroit nommé Elim où il y avait douze fontaines et soixante-dix palmiers : cet endroit se reconnaît encore, il est situé dans le sud-est de Suez, sur la rive Asie et à quelques kilomètres de la mer Ronge ; il forme une petite oasis où il y a toujours des palmiers ; les sources fournissaient l'eau à la ville, avant la construction du chemin de fer du Caire et du canal d'eau douce de la Compagnie de Suez : il porte le nom de Fontaine de Moïse.

Voici maintenant le résumé des mouvements des Hébreux et des Égyptiens, avec indication des dates, et des distances mesurées en ligne droite : depuis la Pâque jusqu'à la délivrance, il s'écoula 7 jours (*Ex.*, XII, 16, 17) du 15 au 21, comme il est facile de le conclure de ces paroles : Le premier jour (commémoratif de la Pâque et de la plaie des premiers-nés) sera saint et solennel et le septième sera célébré par la même fête. — Car c'est dans ce jour-là même que je tirerai votre armée de la terre d'Égypte. Voici l'emploi et la distribution du temps :

Le 15 du mois, dans la nuit, départ de Ramessès, arrivée à Socoth au point du jour : distance parcourue, 5 kilomètres ; séjour de vingt-quatre heures à Socoth, arrivée successive des divers contingents hébreux : distance de Socoth aux points les plus éloignés de la terre de Gessen, 40 à 50 kilomètres faciles à franchir en vingt-quatre heures, pour les petits groupes bien dispos et bien préparés par la célébration de la Pâque. — Arrivée de Moïse et d'Aaron venant de Memphis ; distance, 112 kilomètres franchis en dix ou douze heures sur de bons chevaux : il reste tout le temps nécessaire pour voir les chefs et prendre possession du commandement suprême.

Le 16 au matin, départ de la multitude des Hébreux, arrivée à Etham : distance en ligne droite, 22 kilomètres ; distance parcourue en réalité, 24 ou 25 kilomètres.

Le 17 au matin, départ d'Etham, campement à Phihahiroth, sur le bord de la mer Rouge, au pied de Beelsephon : distance parcourue, 20 à 22 kilomètres. Les Hébreux restent à ce campement jusqu'au 20 au soir.

Le matin du même jour (17), départ d'Etham pour Memphis de l'estafette égyptienne : distance en ligne droite, 124 kilomètres, faciles à franchir en douze ou quinze heures pour un cavalier monté sur un bon cheval ou un dromadaire de marche.

Arrivée le soir à Memphis, ordres donnés dans la nuit l'armée de se tenir prête à marcher le lendemain au point du jour, avec trois ou quatre jours de vivres pour la traversée du désert.

Le 18 au matin, départ de l'armée pour Beelsephon, la cavalerie et les chars en avant-garde : distance à parcourir en ligne droite, 112 kilomètres.

Le 19, marche de l'armée égyptienne.

Le 20 au marin, la cavalerie, après quarante-huit heures de route, débouche des hauteurs de Beelsephon, elle prend position et enveloppe les Hébreux : brouillard qui sépare les deux armées ; l'infanterie arrivera le 21 au matin.

Ce trajet de 112 kilomètres franchi en quarante-huit et soixante-douze heures, exige pour la cavalerie deux étapes de 56 kilomètres, et pour l'infanterie trois étapes de 38 kilomètres, parfaitement dans les moyens de troupes fraîches, bien équipées, bien pourvues et dont chaque soldat était animé d'une passion personnelle contre l'ennemi.

Nuit du 20 au 21, passage de la mer Rouge par les Hébreux : distance parcourue, 10 à 12 kilomètres.

Le 21 au matin, arrivée sur l'autre rive des derniers Hébreux ; entrée des Égyptiens dans la mer Rouge distance parcourue jusqu'au milieu, 5 à 6 kilomètres. — Retour des eaux, arrivée sur les hauteurs de Magdal des derniers bataillons de l'armée égyptienne, qui assistent épouvantés au désastre de la cavalerie et des chars de guerre.

Cette exposition de l'insigne miracle de la délivrance des Hébreux échappe aux difficultés que l'on oppose justement à celles qu'on a proposées jusqu'ici. On ne pourrait y faire qu'une objection : le lieu indiqué pour le passage au milieu de la mer a été longtemps desséché. L'était-il déjà du temps de Moïse ? J'ai déjà donné des raisons qui engagent à penser le contraire, la cohérence et la convenance des autres parties de ce système en apportant maintenant une nouvelle. Mais ne peut-on pas espérer en trouver, une preuve plus convaincante ? ce qui fait aujourd'hui une objection ne pourrait-il pas devenir bientôt une victorieuse et irréfutable démonstration ?

La portion de l'armée égyptienne engloutie dans la mer Rouge se composait, d'après Josèphe, d'environ quinze mille hommes ; il y avait en outre les six cents chars d'élite, plus tous ceux qu'on avait pu réunir, en tout au moins mille à douze cents chars ; on n'a jamais trouvé aucun débris de cette destruction, mais tout espoir à cet égard ne me semble pas perdu.

Les chars embourbés dans la vase sont descendus *in profundum* sur le terrain solide, de sorte qu'après le dessèchement des lacs ils se sont trouvés recouverts par le banc de sel et la zone des terrains noirâtres ; ils doivent y être encore si l'action du temps ne les a pas détruits. Or, la dissolution du banc de sel va mettre à nu le fond solide : les vases molles vont y reprendre leur position première et la couche durcie sera lente à se reformer ; enfin ces lieux, si longtemps déserts, vont devenir un passage des plus fréquentés. Toutes ces circonstances rendent possible la découverte de quelques débris, soit par l'effet d'un heureux hasard, soit par suite de recherches entreprises dans ce but. Elles seraient faciles, en ce moment, où il y a dans l'isthme quantité de grandes dragues pouvant travailler à cette profondeur, et grand nombre de dragueurs expérimentés : en organisant des dragages dans les lacs, par le travers de Chebrewet, on retrouverait, je le crois fermement, les ferrures de bronze ou d'autres débris des chars de Pharaon.

Les fouilles et les recherches archéologiques poursuivies de nos jours avec tant d'ardeur et de succès exigent ordinairement plus de temps, de travail et de dépense et n'ont point un objet d'une si grande importance. Et cependant ce n'est ici que le moindre côté de cet objet ; sa vraie grandeur est d'offrir une confirmation du célèbre miracle de Moïse, confirmation qui n'est pour la foi ni un besoin ni un secours, mais qui lui serait un triomphe.

Je termine en faisant des vœux pour que cette entreprise digne en même temps de l'intérêt scientifique et du zèle religieux, et au succès de laquelle j'ai pleine confiance, séduise quelques-unes des personnes qui par leur fortune ou par leur position sont en mesure de la réaliser : elle mérite certainement l'honneur d'une tentative.

FIN DE L'ARTICLE

TEXTES DE LA BIBLE

GENÈSE	XV, 13, 14, 16.
	XLVII, 5, 6, 11, 27.
	L, 23.
EXODE	I, 7-11.
	II, 23-25.
	III, 1, 2, 14, 16-22.
	IV, 1, 10, 12, 18, 27-31.
	V, 1-9, 14, 15, 17, 20-23.
	VI, 9-12, 26.
	VII, 7.
	VIII, 22, 25-28, 32.
	IX, 26, 29.
	X, 4, 7-11, 16-20, 24-29.
	XI, 1-9.
	XII, 1-7, 11-14, 16, 17, 21-23, 28-42.
	XIII, 17, 18, 20.
	XIV, 1-31.
	XV, 4, 5, 22-25, 27.
NOMBRES	XXXIII, 3-9
PSAUMES	LXXVII, 12, 43.
	CIV, 37, 43.
SAGESSE	X, 18.
	XIX, 7.